POURQUOI MON CHAT FAIT-IL ÇA?

POURQUOI MON CHAT FAIT-IL ÇA?

Gwen Bailey

LES MYSTÈRES DE SON COMPORTEMENT ENFIN EXPLIQUÉS

ULMER

L'auteur et l'éditeur se sont efforcés d'apporter les informations les plus fiables possibles. Des erreurs ne peuvent toutefois être totalement exclues. Aucune garantie quant à l'exactitude des informations ne peut donc être donnée. Leur responsabilité pour les dommages éventuels qui pourraient en résulter ne pourra être juridiquement invoquée.

L'édition originale de ce titre a été publiée en anglais sous le titre « Why is my cat doing that ? »

Traduit de l'anglais par Caroline Lelong
(Carpe Sensum)

8, rue Blanche
75009 Paris
Tél. : 01 48 05 03 03
Fax : 01 48 05 02 04
www.editions-ulmer.fr

Le papier utilisé pour l'impression de ce livre est classé « Egmont Grade 3 » : il ne contient que des fibres de bois dont la source est connue et légale (Egmont grading system© PREPS : Publishers' Database for Responsible Environmental Paper Sourcing)

Printed and bound in China
ISBN : 978-2-84138-492-1
N° d'édition : 492-01

Dépôt légal : février 2011

Sommaire

Introduction

Les chats n'ont cessé de gagner en popularité ces dernières années et ont même fini par devancer le chien dans la plupart des pays occidentaux. Ils sont à la fois affectueux et indépendants, des traits de caractère qui répondent parfaitement aux besoins des maîtres débordés. Toutefois, les chats demeurent mystérieux à bien des égards, et certains de leurs comportements nous intriguent.
Ce livre explique leur comportement naturel et lève le mystère de certaines de leurs attitudes.

Les chats ne sont pas des animaux grégaires, et la relation qu'ils entretiennent avec leur maître s'apparente plus à une « colocation » qu'à une relation de dépendance. En définitive, la survie des chats ne dépend que d'eux-mêmes, et leurs interactions sociales reposent davantage sur le plaisir d'avoir de la compagnie que sur un besoin de soutien social. Posséder un chat est donc en quelque sorte un privilège, et nous pouvons légitimement nous sentir flattés lorsqu'ils choisissent de passer du temps avec nous ! L'étude du comportement social des chats permet de comprendre comment il est possible qu'ils se montrent aussi dévoués tout en faisant preuve d'une indépendance teintée d'arrogance, et soient capables de nous snober puis de venir se blottir sur nos genoux la minute d'après. Les chats ne communiquent pas de la même façon que nous, et les signaux qu'ils envoient peuvent être difficiles à interpréter pour nous autres humains. Le langage corporel félin peut s'avérer très subtil et la plupart des messages qu'ils font passer (à des congénères ou à nous-mêmes) peuvent passer inaperçus. Lorsque ces messages sont plus manifestes,

Le chat va avoir naturellement tendance à bondir pour capturer ses proies.

Ce chat profite d'un bain de soleil pour étaler son impressionnant attirail.

des erreurs d'interprétation risquent de fausser notre jugement, et les chats qui envoient des signes d'agressivité risquent alors d'être taxés — à tort — de méchanceté. Les chats communiquent énormément par le biais des odeurs, alors que le sens de l'odorat est très limité chez l'être humain. Ainsi, nous ne sommes pas suffisamment armés pour décrypter les messages olfactifs des chats. Cela entraîne parfois des malentendus qui mettent à mal la relation entre le maître et son animal, et le comportement de marquage est très certainement moins bien toléré lorsqu'il se manifeste à l'intérieur de la maison.

Nous adorons regarder nos chats interagir les uns avec les autres. La diminution des contacts tactiles à mesure que notre chaton grandit peut être interprétée à tort comme une rupture relationnelle, et porter à croire que minet se sent seul. Une meilleure compréhension du comportement félin nous permet d'apprécier la qualité de leurs relations plus indépendantes à l'âge adulte. En fait, de nombreux chats vivent dans une trop grande promiscuité avec leurs congénères et sont obligés de partager leurs ressources vitales avec des chats qu'ils n'apprécient pas. En respectant leur caractère solitaire et en limitant le nombre de chats à un niveau socialement acceptable pour eux, nous leur épargnons un stress chronique et tous les problèmes comportementaux et médicaux qui vont avec.

Bien que l'on puisse aisément comprendre que certains maîtres trouvent répugnantes les habitudes de chasse de leurs chats, nous ne pouvons qu'admirer leur habileté. Comprendre cet instinct de chasse permet d'améliorer la qualité des jeux proposés à nos compagnons, et de canaliser ainsi une partie de leur énergie vers des occupations plus tolérables.

Les photos de ce livre ont pour but de lever une partie du mystère entourant le comportement félin, de vous aider à mieux comprendre vos compagnons et d'améliorer la qualité de vos relations. Les chats sont des créatures fascinantes et indépendantes dotées d'une bonne capacité d'adaptation, et qui font preuve d'une affection inconditionnelle à notre égard. En retour, nous devons chercher à mieux les comprendre et à utiliser ces connaissances pour leur offrir la meilleure vie possible.

UN ESPRIT D'INDÉPENDANCE

En famille

Les relations entre les chats sont guidées par leur instinct naturel. Une fois adultes, ils sont socialement indépendants, mais lorsqu'ils ne sont encore que des chatons, ils ont un besoin important de contacts sociaux avec leur mère et leur fratrie.
Au cours de leurs premières semaines, ils tirent des enseignements importants de leurs interactions les uns avec les autres.

Des câlins !

Il est essentiel pour les chatons de passer du temps avec leurs frères et sœurs. À cet âge, ils ont encore besoin d'interactions sociales et passeront beaucoup plus de temps au contact d'autres chatons que de chats adultes. Blottis les uns contre les autres, ils prennent confiance en eux et nous donnent par la même occasion l'opportunité de prendre d'adorables photos !

Sécurité rapprochée

La présence de leur mère sécurise les chatons d'un point de vue émotionnel et leur donne confiance en eux. Ces chatons sont assis à côté de leur mère et à proximité les uns des autres. Cette position rassurante va les autoriser à s'intéresser aux personnes qui tenteront une approche, mais au final, leur réaction sera influencée par celle de leur mère. Si cette dernière se montre hostile, ils retiendront qu'il vaut mieux éviter la compagnie des humains, mais si elle se montre amicale, ils se laisseront volontiers approcher.

La famille d'abord

La première relation importante dans la vie d'un chaton est celle qu'il entretient avec sa mère. La survie de ces chatons dépend entièrement de leur mère, qui répond à tous leurs besoins physiques. Elle les allaite et les toilette en leur léchant l'abdomen afin de stimuler l'émission des urines et des fèces, qu'elle va ensuite consommer.

Une vie de chaton

Les relations au sein d'une portée et entre la mère et ses petits sont particulièrement fortes parce qu'à ce stade du développement des chatons, leur survie est conditionnée à leurs contacts sociaux. La nature matriarcale de la société féline est un aspect essentiel de leur comportement social. C'est pourquoi il est parfois difficile de comprendre les chats !

Chatons en pouponnière

Les chats vivent dans une société matriarcale. Les chattes issues du même sang élèvent ensemble leurs petits. Il est de l'intérêt de chaque femelle que l'ensemble des chatons survivent, étant donné qu'ils partagent leur patrimoine génétique. Un groupe important est synonyme de sécurité, et lorsque les chatons sont encore très jeunes, les chattes peuvent allaiter la progéniture de leurs parentes – ainsi, les chatons reçoivent encore plus d'anticorps, qui les protègent contre les maladies.

À la découverte du monde

À mesure que les chatons grandissent, ils se montrent de plus en plus indépendants et commencent à s'éloigner de plus en plus du nid.
À l'âge de 2 semaines, les chatons bougent davantage mais dépendent toujours de leur mère, qui revient régulièrement au nid vérifier qu'ils sont bien propres.

Qu'est-ce qu'on s'amuse !

Les jeux entre chatons vont bien au-delà d'un simple divertissement. Ils leur apprennent à communiquer avec leurs congénères mais également à acquérir leurs comportements d'adulte, telles leurs compétences de chasseur.
Les chatons seuls risquent de présenter des troubles du comportement plus tard car ils n'auront pas eu la chance de partager ces instants précieux avec d'autres chatons du même âge.

Social ou antisocial ?

Le comportement social du chat peut parfois être très déconcertant. Certes, les chats semblent nouer des amitiés très fortes avec certains de leurs congénères, mais peuvent paraître en même temps distants et indifférents vis-à-vis de certains autres.
Les signes comportementaux peuvent aider à identifier les chats appartenant à un même groupe social, et la communication tactile joue un rôle particulièrement important dans ce contexte. La solitude n'est pas une expérience négative pour les chats car leurs ancêtres sauvages ne comptaient que sur eux-mêmes pour survivre.

En bonne compagnie

Les membres de ce groupe d'individus apparentés passent naturellement du temps en compagnie les uns des autres. Certains d'entre eux flairent activement le sol, ce qui indique que d'autres chats sont certainement passés par là. Leur posture détendue montre qu'ils sont très à l'aise ensemble.

Les marques d'amitié

Au cours de leur vie adulte, les chats nouent des relations spéciales les uns avec les autres. Ces deux chats se montrent leur amitié par des contacts tactiles. Ils sont blottis l'un contre l'autre et vont se frotter et se toiletter mutuellement afin d'échanger leur odeur. Ces comportements confirment leur amitié et attestent qu'ils se sentent tous deux en sécurité en présence de l'autre.

Un animal solitaire

Le chat mâle adulte est une créature indépendante. Bien qu'il soit capable de nouer des relations avec d'autres chats, sa survie ne dépend que de lui-même. Il cherche avant tout à éviter les conflits avec ses congénères, qui pourraient le blesser ou le rendre vulnérable, c'est pourquoi il passe beaucoup de temps seul.

Garde tes distances

Le cliché du chat solitaire ou distant est souvent utilisé pour dépeindre l'arrogance et la réserve censées caractériser cet animal. Lorsque deux chats se tournent le dos ou choisissent de s'isoler chacun de son côté, leurs maîtres vont en déduire qu'ils sont hautains ou suffisants, mais souvent, les chats limitent les contacts avec leurs congénères parce qu'ils manquent de confiance en eux et préfèrent éviter une confrontation.

Tu me laisses indifférent

Il est fréquent que les chats gardent leurs distances. Ces deux individus ont tout à fait conscience qu'ils ne sont pas seuls, et la position des oreilles du chat tigré indique qu'il surveille son congénère. Toutefois, aucun d'eux ne souhaite interagir, et en restant immobiles, ils sont moins susceptibles d'attirer l'attention l'un de l'autre.

Dans l'impasse

Lorsque des chats se trouvent à proximité immédiate d'autres congénères, leur posture laisse souvent transparaître une certaine tension. Dans le cas présent, la position des oreilles du chat tigré au premier plan indique qu'il surveille le chat roux derrière lui. Les deux chats font preuve d'inhibition et auront des réticences à quitter leur poste, de crainte d'attirer l'attention de l'autre et de provoquer un conflit.

Roi en sa demeure

Ce chat a choisi un poste d'observation en hauteur où il n'y a de la place que pour un ! Du haut de son promontoire, il peut faire illusion sur sa capacité à se défendre. Son dos voûté et sa queue ébouriffée visent à le faire paraître plus gros qu'il ne l'est en réalité.

Les repas

Les humains ont pour mission de nourrir ceux dont ils ont la charge, et les repas sont une composante essentielle de notre comportement social. Nous invitons nos amis à dîner, ou leur servons du café ou du thé et des gâteaux lorsqu'ils nous rendent visite le dimanche après-midi. Ainsi, nous avons parfois du mal à comprendre pourquoi les chats dédaignent leur assiette ou ne se montrent pas particulièrement enthousiastes face aux friandises que nous leur proposons.

Trop proches pour être à l'aise

Ces chats vivent ensemble et leur maître leur donne à manger dans la même gamelle. Bien que tous les chats soient venus manger, leur langage corporel montre qu'ils préfèreraient manger seuls. Le chat de gauche est tendu, et la position de ses pattes arrière montre qu'il est prêt à détaler si la tension devient trop forte. Les deux autres chats sont assis mais la position de leurs oreilles indique qu'ils ne sont pas sereins.

Ne t'approche pas

Pour les chats, les repas servent uniquement à recharger les batteries et n'ont aucune signification d'un point de vue social. Ils préfèrent donc manger seuls, comme le chat ci-contre, et peuvent devenir très nerveux s'ils sont dérangés pendant leur repas. Quand un autre chat s'approche, ils lui montrent leur désapprobation en le fixant tout en continuant à manger.

Étancher sa soif

Les chats préfèrent boire dans des récipients en céramique, en métal ou en verre. En effet, le plastique peut polluer l'eau et les dissuader de boire. Sur la photo ci-dessus, l'écuelle est pleine à ras bord. Le chat peut ainsi laper la surface de l'eau sans que ses moustaches ne touchent les bords de l'écuelle.

Salutations

Les personnes ayant plusieurs chats ont souvent du mal à se rendre compte s'ils sont amis. Les chats passent beaucoup de temps à faire comprendre à leurs congénères qu'ils doivent garder leurs distances, mais lorsqu'ils souhaitent établir un contact, ils le font par le biais du langage corporel et des vocalises. Des comportements d'attachement tels que le toilettage mutuel (allotoilettage) et l'allomarquage, entrent également en jeu dans leurs rapports avec l'homme et les autres espèces amies.

Caressé dans le sens du poil

Les frottements mutuels (allomarquage) jouent un rôle important chez les chats amis. Ces deux chats issus de la même famille communiquent en se frottant l'un à l'autre de manière caractéristique. Ils partent de la tête, poursuivent généralement sur tout le long du corps, et peuvent entremêler leurs queues.

Le salut de la queue

La position de la queue du chat sur la photo ci-contre est un salut caractéristique. Lorsqu'un chat marche en direction d'un congénère ou d'un humain en tenant sa queue bien droite, il dit bonjour. L'extrémité de la queue est généralement légèrement recourbée et cette courbure varie d'un individu à l'autre.

On se connaît

Lorsque les chats entretiennent une relation étroite avec leurs maîtres, ils se frottent contre leurs jambes : c'est ce qu'on appelle l'allo-marquage. Le chat ci-contre salue son propriétaire en procédant à un échange d'odeurs. Cela lui permet d'identifier cette personne comme un membre de son groupe social.

Le toilettage mutuel

Pour les chats, le toilettage mutuel est un bon moyen de renforcer leurs relations. L'un des chats prend généralement l'initiative, puis l'autre le relais. Ces deux chats issus d'une même famille aiment se tenir compagnie. L'un d'eux utilise ses pattes avant pour maintenir l'autre pendant qu'il lui toilette les oreilles. Le second ne montre aucune résistance et semble disposé à rendre la pareille à son congénère dès que ce dernier aura terminé.

Les chiens viennent de Mars, les chats de Vénus

Les différences de langage corporel entre les chats et les chiens peuvent parfois être à l'origine de malentendus. Ce jeune carlin croit que le chat a envie de jouer, mais la position latérale du chat, son dos voûté et sa queue ébouriffée montrent qu'il est effrayé. La manière dont le chat a réparti le poids de son corps indique qu'il s'apprête à donner un coup de patte au chien avant de prendre la fuite.

Nous formons une famille

L'allomarquage peut servir à renforcer n'importe quelle relation, y compris celles avec d'autres espèces telles que les humains et les chiens. Ce chat et ce chien vivent ensemble et se connaissent bien. Le fait que ce chat frotte sa tête contre celle du chien montre qu'ils entretiennent une relation d'affection.

Dis-moi ce que tu sens, je te dirai qui tu es

Ces chats se saluent en se touchant du bout du nez, ce qui leur permet d'obtenir des informations importantes l'un sur l'autre. Ce type de salut décontracté implique un rapprochement étroit qui n'est généralement possible que si les deux chats se connaissent bien.

Regardez-moi !

Pour les chats, le fait de se rouler sur le côté est un acte social. Ce type de comportement se manifeste souvent après une période de séparation d'avec leur compagnon félin ou humain. Il s'agit d'une invitation à établir un contact social passif, n'allez donc surtout pas croire que ce chat souhaite que vous lui gratouilliez le ventre !

Des chats et des hommes

Les relations que nous entretenons avec nos chats de compagnie nous apportent beaucoup de joie, mais pour qu'ils puissent profitent au maximum de leur vie à nos côtés, nous devons habituer les chatons à être manipulés par l'homme dès le plus jeune âge. Les malentendus entre les espèces peuvent être une source de confusion pour nous et de grand stress pour l'animal.

Pas de précipitation

Les chatons et les enfants peuvent être de fabuleux partenaires de jeu, mais il est important de se mettre à la place du chat pour s'assurer que leurs échanges leurs seront bénéfiques à tous les deux. Ce chaton ne sait pas trop quoi penser de l'enfant qui s'avance. La manière dont est réparti le poids de son corps porte à croire que toute approche trop brusque du petit garçon se traduira par un coup de patte et une éventuelle blessure.

Tout en douceur

Les chatons doivent être manipulés régulièrement dès l'âge de 2 semaines. Il est important de s'y prendre correctement car cela conditionnera leur cohabitation future avec l'homme. Ils ne doivent pas se sentir menacés lorsque vous les soulevez. Il est donc recommandé de faire preuve de la plus grande douceur afin que l'expérience soit aussi positive que possible.

Simplement heureux !

Les personnes adultes sont également susceptibles de mal interpréter le comportement du chat. Aussi ce simple salut est-il souvent interprété à tort comme une forme de supplique. Lorsque les maîtres y répondent en nourrissant leur chat, ils conditionnent ce dernier, ce qui risque d'entraîner un problème de suralimentation, voire d'obésité.

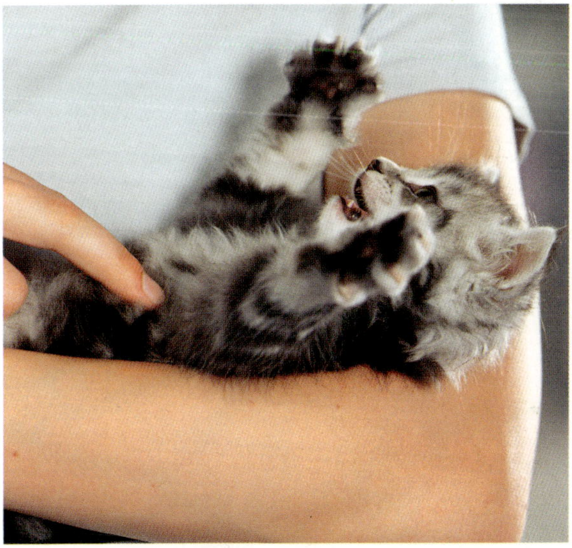

Je veux descendre !

Ce chaton ne se sent pas à l'aise et risque de percevoir le contact avec les humains comme une expérience à éviter. Un chat retourné sur le dos se sent vulnérable, et ce chaton s'apprête à se défendre en frappant la personne avec ses deux pattes avant. Manipuler un chaton de cette façon peut le conduire à percevoir négativement le fait d'être pris dans les bras, voire à se montrer agressif envers les humains une fois adulte.

Interactions félines

Les humains ont parfois du mal à comprendre la manière dont les chats communiquent entre eux, et il peut être particulièrement difficile de savoir ce qu'ils pensent les uns des autres ! Certains types de comportements peuvent trahir une amitié, et une fois que l'on a saisi l'importance de l'allomarquage et de l'allotoilettage pour nos félins, on peut se faire une idée plus précise de la façon dont notre chat perçoit les congénères qui partagent sa vie.

Je t'aime bien

Les chatons passent bien plus du temps ensemble que les chats adultes, mais lorsque des chats sont issus d'une même famille ou entretiennent des relations étroites, ils continuent de se faire des câlins. Le chat le plus foncé, à droite, initie une séance de frottements mutuels que l'autre accepte passivement.

La toilette

La toilette est un comportement félin fondamental et les chats y consacrent énormément de temps. Lorsqu'ils sont petits, ils se laissent toiletter par leur mère, mais à l'âge adulte, le toilettage mutuel est réservé aux membres d'un même groupe social. Ce chat tigré ne semble absolument pas impressionné par le comportement de son ami noir et blanc, et le fait qu'il accepte de se laisser toiletter de cette façon nous indique que les deux animaux se connaissent bien.

Je ne veux pas me battre

Lorsque deux chats adultes ne se connaissant pas se retrouvent face à face, ils ont naturellement tendance à ralentir et à s'approcher prudemment : un mouvement rapide est susceptible de déclencher une course-poursuite et de causer d'éventuelles blessures. Ces chats échangent un ensemble de signaux visuels, vocaux et olfactifs qui visent tous à éviter une confrontation physique.

LA VUE ET LES AUTRES SENS

La chasse

Les chats possèdent des sens très développés, notamment la vue, l'ouïe et l'odorat, qui leur permettent non seulement de localiser leurs proies, mais également de communiquer efficacement. Une fois adultes, les chats ne vivent pas en groupe, et leur survie dépend en grande partie d'eux-mêmes. Ainsi, ils comptent énormément sur les signaux leur permettant de communiquer à distance.

La traque

Ce chat avance furtivement vers sa proie, et les poules semblent complètement ignorer sa présence. Les chats ne chassent pas en groupe et il peut s'avérer très difficile pour eux de terrasser une proie d'une certaine taille. C'est pourquoi les poules ne se sentent pas vraiment menacées.

Et maintenant, qu'est-ce que je fais ?

Les oreilles, les yeux et les moustaches de ce jeune chat sont caractéristiques d'un chat en chasse, mais sa proie potentielle semble le laisser perplexe ! Il tapote sa victime avec sa patte tendue, mais comme la plupart des jeunes chats encore naïfs, il hésite au lieu de d'achever sa proie d'un coup de dents à la nuque.

La chasseuse

Les chats se fient à une somme d'informations sonores et visuelles pour localiser leur proie. Cette chatte a adopté une posture basse et se déplace lentement vers sa cible. Les oreilles dirigées vers l'avant et le regard fixe sont caractéristiques du chat en chasse, mais le nez et les oreilles jouent également un rôle pour localiser précisément la victime potentielle.

Différents types de messages

Le marquage urinaire et le marquage fécal sont souvent considérés comme problématiques, mais lorsqu'ils se manifestent à l'extérieur, ils constituent une composante tout à fait normale du langage félin quotidien. Les griffages sont un autre comportement naturel dont nous pouvons avoir du mal à saisir le sens.

MESSAGES OLFACTIFS

Les chats possèdent des organes spécialisés qui leur permettent de décrypter les messages olfactifs susceptibles de modifier leur état émotionnel et leur comportement. Les produits à base de phéromones peuvent être très utiles pour traiter les chats souffrant d'anxiété.

Spots urinaires

La posture d'aspersion permet au chat de déposer des messages urinaires à hauteur de nez des autres chats de passage. Ce chaton flaire intensément le message, mais il ne s'agit pas d'une menace, simplement de communiquer des informations aux autres chats.

Étirements, griffages et flehmen

Le corps en extension, ce chat a suffisamment de prise sur cette surface pour exercer ses muscles et ses tendons et éliminer les anciens étuis cornés de ses griffes. Outre son rôle fonctionnel, ce comportement sert également à communiquer. Les glandes podales situées entre les coussinets déposent une odeur à la surface du bois lorsque le chat fait ses griffes. Il laisse ainsi un message olfactif à l'intention des chats qui traversent son territoire.

C'est mon territoire

Ce chat adopte une posture d'aspersion afin de déposer un message à l'attention des autres chats qui traversent son territoire. Il écoute ce qui se passe autour de lui et la marque urinaire vise à lui éviter des rencontres indésirables avec des intrus.

N'envahis pas mon espace

L'utilisation des fèces comme mode de communication est moins fréquente, mais les chats défèquent parfois au beau milieu d'une prairie sans enfouir leurs crottes.
Ces dernières servent alors de signal olfactif et visuel pour indiquer aux autres chats que le territoire est occupé et qu'ils doivent se tenir à l'écart.

Parole de chat

Les chats, comme nous, utilisent leur voix pour communiquer, mais leurs miaulements, ronronnements et autres crachements sont parfois difficiles à interpréter avec précision. Une étude plus approfondie de la communication vocale chez le chat vous aidera à comprendre ce que votre compagnon exprime lorsqu'il s'adresse à vous, et à améliorer votre relation.

Arrière !

Les signaux vocaux peuvent être utilisés pour exprimer un état émotionnel négatif, et les sons, accompagnés d'une tension extrême de la musculature faciale, correspondent à des cris exprimant un état émotionnel intense. Ce chat complète sa posture défensive par un crachement rauque et pénétrant, destiné à faire reculer la menace et à éviter une confrontation physique potentiellement dangereuse.

Enchanté !

Les signaux vocaux sont également utilisés pour faciliter les interactions sociales. Le miaulement est le principal cri de salut. Il sert à instaurer une communication amicale avec les autres chats et les humains. La posture de ce chat est relaxée, les moustaches sont souples et les oreilles alertes. Il regarde intensément son maître tout en émettant un miaulement doux.

Relax !

Dans le monde félin, la communication sonore ne passe pas forcément par des cris émis la gueule ouverte. En effet, le signe caractéristique de satisfaction est le ronronnement, émis gueule fermée. Le ronronnement est un mode de communication important entre la chatte et ses petits, et est souvent (mais pas exclusivement) associé à un contexte de confort et sécurité. Le chat se pelotonne contre son maître et répond à ses caresses par un ronronnement satisfait.

REPRODUCTION ET ÉDUCATION

La séduction

Les chats aiment passer du temps seuls et disposent de toute une palette de signaux pour éviter les rencontres indésirables. Toutefois, des rapprochements sont nécessaires à certains moments, et notamment pendant la saison des amours ! Un mode de communication clair est nécessaire pour que les chats entiers (c'est-à-dire non stérilisés) puissent se retrouver et s'accoupler. Ils exploitent toute une palette d'odeurs et de sons pour y parvenir.

À la recherche d'un partenaire

Les chats mâles et femelles ont plus souvent recours au marquage urinaire durant la saison de reproduction. L'urine contient des informations importantes sur les prédispositions sexuelles des chats et leur volonté de s'accoupler. Ce mâle asperge la végétation d'urine afin d'attirer une femelle non stérilisée sur son territoire.

Tout est dans le timing

L'accouplement est une affaire bruyante, et il y a une raison biologique à cela. Pour augmenter les chances de réussite, les chattes n'ovulent pas avant que l'accouplement ait eu lieu. Ainsi, l'ovule n'est émis que lorsque du sperme est disponible pour le fertiliser. L'ovulation est déclenchée par des sortes d'épines situées à la surface du pénis du chat, qui irritent la paroi vaginale de la femelle. Cette dernière réagit en poussant un cri caractéristique.

Attrape-moi si tu peux !

Lorsque les chattes sont en chaleur, elles émettent des odeurs qui indiquent qu'elles sont prêtes à s'accoupler. Pour diffuser ces odeurs, la femelle se roule sur le sol et met ses pattes en l'air. Ainsi, on voit souvent des chattes se rouler de manière peu distinguée sur le trottoir, voire dans le caniveau !

L'amour d'une mère

La relation que la mère entretient avec ses chatons nouveau-nés est primordiale, car elle répond à tous leurs besoins physiques. Pour pouvoir devenir des compagnons agréables à l'âge adulte, les chatons doivent ensuite reporter leur affection sur les humains, c'est pourquoi c'est ensuite à nous de prendre leur éducation en main. Toutefois, certains aspects de l'éducation donnée par la mère peuvent nous paraître un peu étranges.

Des petits tout propres

Les nouveau-nés ne sont pas capables de faire leurs besoins si leur mère ne les stimule pas en leur léchant l'abdomen, comme le fait la chatte ci-dessus. Elle consomme l'urine et les fèces au moment de leur émission, ce qui maintient le chaton au propre et réduit le risque de contamination du nid par les excréments.

JEUX ENTRE CHATONS

Dès leur naissance, les chatons gagnent en assurance au contact de leurs frères et sœurs et passent beaucoup de temps en leur compagnie. Ils tirent des enseignements importants de leurs jeux avec des individus du même âge. Lorsqu'un chaton est issu d'une portée unique et qu'il n'a pas l'opportunité de jouer avec des congénères, cela peut compromettre son développement et le prédisposer à des problèmes comportementaux à l'âge adulte.

Nouer des liens avec son chaton

Les chatons doivent bien évidemment passer du temps avec leurs congénères, mais il est important qu'ils soient également mis chaque jour au contact d'humains pour pouvoir devenir de bons compagnons plus tard. Les chats adultes ne sont pas très avides de contacts sociaux, mais leurs maîtres souhaitent tout de même pouvoir les prendre dans les bras et les câliner. C'est pourquoi il est important que ce chaton apprenne qu'il n'est pas désagréable de se laisser soulever et prendre dans les bras.

La présence rassurante de maman

À mesure qu'ils grandissent, les chatons dépendent de moins en moins de leur mère. Toutefois, ils se sentent toujours rassurés par sa présence, et bien que ces chatons soient suffisamment âgés pour être sevrés et prendre des aliments solides, ils aiment toujours se blottir contre leur mère et prendre un petit complément.

RÉACTIONS ÉMOTIONNELLES

Une vraie poule mouillée

Le comportement d'un chat est guidé par son état émotionnel. Ainsi, la compréhension des émotions félines est essentielle pour interpréter ses actes. Les chats n'étant pas doués de parole, nous sommes amenés à interpréter les signaux qu'ils nous envoient, comme les expressions faciales, les postures corporelles et les vocalises. Les chats peuvent également communiquer entre eux au moyen de messages olfactifs, mais les humains ne sont pas suffisamment « équipés » pour les percevoir.

Gare à mon coup de patte

Les chats ne sont pas très doués pour se tirer des mauvaises passes, c'est pourquoi ils consacrent beaucoup d'énergie à éviter la confrontation et à se tenir à bonne distance des dangers potentiels. Ce jeune chaton maîtrise déjà l'art du crachement, mais si la menace continue de se rapprocher, il est prêt à se défendre d'un bon coup de patte.

Si, si, je suis vraiment gros !

Ce chat tigré, effarouché par l'arrivée d'un autre chat, réagit en se faisant passer pour plus courageux qu'il ne l'est en réalité. Son dos voûté et sa queue dressée, pattes arrière tendues, donnent l'illusion qu'il a augmenté de volume, mais ses oreilles aplaties et ses moustaches tournées vers l'avant trahissent sa peur.

J'ai *vraiment* peur

Lorsque la menace se fait plus pressante, les chats laissent éclater leur peur au grand jour et adoptent une posture recroquevillée, comme sur la photo ci-dessus. Les oreilles aplaties, les moustaches tendues et le crachement sont le signe que ce chat est très effrayé. Le poids placé sur ses pattes avant révèle son intention de sauter en arrière et de s'enfuir si la menace se précise.

Arrière, j'ai peur

Les poils hérissés sur le dos et la queue de ce jeune chat gris le font paraître plus gros. Toutefois, ses pupilles sont dilatées, ce qui lui donne un air effrayé, et la répartition de son poids sur ses pattes montre qu'il est prêt à prendre la fuite s'il se retrouve en difficulté.

Je me sens menacé

Lorsque les chats n'ont pas la possibilité de battre en retraite, les signaux qu'ils envoient s'intensifient. Ce chat a aplati ses oreilles au point de les rendre presque invisibles. Cette position lui permet de protéger ses oreilles pendant une bagarre.

Qui va là ?

Les expressions faciales changent plus rapidement que les postures corporelles, et elles donnent des informations plus précises sur l'état émotionnel du chat. La posture de ce chat montre qu'il était détendu, mais que son repos a été interrompu par l'arrivée de quelqu'un. Son expression faciale, avec les oreilles dressées, tournées vers l'avant, est celle d'un individu alerte, curieux mais prudent.

Tous aux abris !

Les chats font tous les efforts possibles et imaginables pour éviter de se blesser, et leur comportement tend en grande partie à prévenir toute confrontation. Ce chat réagit à une situation potentiellement dangereuse en s'abritant dans un refuge et en se soustrayant à la vue de la menace. Il est important de prévoir suffisamment d'abris si l'on a affaire à un chat nerveux.

Chiens de faïence

Ces deux chats sont proches l'un de l'autre mais leur langage corporel nous indique qu'ils ne sont pas détendus. Le chat au premier plan fait peser son poids sur ses pattes avant, et est prêt à prendre la fuite. Ses oreilles sont tournées pour capter tout son susceptible de l'informer des mouvements de son rival. L'autre chat est également tendu et est prêt à filer subrepticement pour ne pas déclencher une course-poursuite. Ses oreilles dressées indiquent qu'il n'est pas rassuré.

La frustration

Les chats éprouvent de la frustration lorsque leurs attentes ne sont pas satisfaites. Ils adoptent alors des comportements que leurs maîtres peuvent trouver irritants ou problématiques. Dans la plupart des cas, ces maîtres n'ont pas conscience de cette frustration, et l'interaction avec un chat très excité et frustré peut donner lieu à toute une palette de comportements inattendus. Il est possible de remédier au comportement problématique en modifiant l'état émotionnel sous-jacent du chat, ou mieux encore, en le prévenant.

J'en veux encore !

Pendant le sevrage, la chatte prépare ses chatons à gérer le sentiment de frustration. Pour ce faire, elle interrompt la séance d'allaitement alors que les chatons ont encore très envie de téter. L'un des problèmes potentiellement posé par l'élevage à la main est que les humains auront tendance à laisser les chatons téter tout leur soûl et à retirer le biberon uniquement lorsqu'ils n'en ont plus envie, ce qui peut entraîner à l'âge adulte un certain nombre de problèmes comportementaux liés à la frustration.

Je veux t'attraper

Ce chat observe avec intérêt l'activité d'un autre chat dans le jardin. Ses oreilles dressées vers l'avant et les battements violents de sa queue traduisent un état d'impatience et d'excitation. Les portes vitrées lui barrent l'accès au jardin, ce qui peut l'amener à éprouver de la frustration. Toucher un chat alors qu'il est dans cet état peut coûter cher, car il risque de décharger sur vous la tension qu'il ressent envers l'autre chat.

En mission

Ce chat est confiant et alerte. Le détourner de son but risque de le frustrer. Les individus naturellement confiants et habitués à atteindre leurs objectifs sont plus enclins à éprouver de la frustration, qu'ils manifestent en faisant les cent pas et en miaulant désespérément.

Le prédateur

Pour la plupart des propriétaires de chats, la chasse est un comportement difficile à accepter. En raison de son attachement envers les oiseaux et les petits rongeurs, l'homme supporte difficilement de voir son adorable compagnon se transformer en tueur impitoyable. Toutefois, l'observation d'un félin en chasse permet de se rendre compte de son savoir-faire et une meilleure compréhension de son langage corporel peut nous aider à apprécier ses talents de chasseur à leur juste valeur.

C'est à moi !

Une fois la proie capturée, le chat se sent vulnérable et la présence d'un humain l'effarouche. Les poils hérissés le long de la colonne vertébrale montrent qu'il est effrayé et anxieux et qu'il est déterminé à ne pas laisser échapper son précieux butin. Cette posture s'accompagne souvent d'un grondement sourd.

Prêt à bondir

Lorsqu'ils chassent, les chats se montrent vigilants et concentrés. Les oreilles dressées de ce chat et le regard pénétrant qu'il porte sur sa victime révèlent une concentration intense. Dans le même temps, la posture de son corps et la répartition de son poids vers l'avant indiquent qu'il est prêt à bondir et à achever sa proie.

Je t'ai eu !

Ce jeune chat est concentré sur sa proie potentielle. Ses oreilles dressées, ses moustaches tournées vers l'avant et son regard fixe sont caractéristiques. Toutefois, il a bondi trop tôt pour porter le coup fatal à sa proie, risquant ainsi de l'alerter de sa présence et de lui donner l'opportunité de fuir, ce qui trahit sa jeunesse et son inexpérience.

La détente

Chez les chats, la détente se manifeste par toute une série de comportements attendrissants qui rendent cette espèce fascinante encore plus attachante. Des études ont démontré que le fait d'observer un chat au repos ou de caresser sa fourrure abaisse la tension artérielle chez l'homme. Ainsi, la relaxation est contagieuse ! Toutefois, certaines réactions, comme le fait de se rouler sur le côté et d'exposer son ventre, peuvent être facilement mal interprétées, entraînant des comportements considérés comme problématiques par les maîtres.

Je prends le soleil

Ce chat profite du soleil dans un coin isolé. Sa posture est décontractée et ses pattes ne sont pas en contact direct avec le banc. Sa queue repose lâchement contre son corps, et ses yeux fermés et ses oreilles détendues indiquent qu'il se sent suffisamment en sécurité pour faire une petite sieste.

Pas touche !

Ce chat est totalement détendu : son expression est vive et intéressée, tandis qu'il se tient les quatre fers en l'air et expose son ventre. Cette position indique qu'il souhaite établir un contact, mais il ne s'agit pas pour autant d'une invitation à caresser son ventre ! Une mauvaise interprétation de ce comportement peut conduire à transformer un chat détendu lorsque cette invitation, apparemment amicale, donne lieu à un comportement considéré comme agressif. En réalité, le fait d'agripper la main avec les quatre pattes tout en la ratissant avec les griffes arrière est une réaction de défense contre ce que le chat interprète comme une menace.

Juste un peu de repos

Ce chat qui se repose au soleil a replié ses pattes avant, qui ne sont ainsi plus en contact avec la table. Cette posture révèle qu'il se sent en sécurité et qu'il n'a pas l'intention de fuir. Son expression montre toutefois qu'il n'est pas entièrement détendu ; ses oreilles légèrement tournées indiquent qu'il surveille l'activité dans le jardin.

L'HYGIÈNE

L'élimination

Les chats sont connus pour leur propreté, qui est souvent citée comme l'une des caractéristiques les plus positives de cet animal. Sa tendance naturelle à enterrer ses excréments le pousse à creuser instinctivement dans le sol. À partir du moment où les chatons ont accès à une litière adaptée dès leur plus jeune âge, l'apprentissage de la propreté se fait rapidement et ne pose généralement aucun problème. Toutefois, lorsqu'il se déroule mal et que des excréments sont retrouvés à des endroits inappropriés, les maîtres se montrent généralement peu tolérants.

Au mauvais endroit

Après avoir déféqué sur le carrelage de la cuisine, ce chat cherche à gratter le sol, pour enterrer ses excréments. Cette tentative ne va pas être fructueuse, mais le grattage indique qu'il s'agit véritablement d'un cas d'élimination dans un endroit inapproprié et non d'un comportement de marquage poussé à son extrême. Pour remédier à ce comportement, il faut absolument déterminer pourquoi le chat rechigne à utiliser sa litière ou à aller faire ses besoins à l'extérieur de la maison.

Un peu d'intimité s'il vous plaît !

Ce chat a choisi un coin calme et isolé pour faire ses besoins en toute tranquillité. Le sol friable lui a permis de creuser un petit trou dans lequel il dépose ses excréments. Ensuite, il va le remplir de terre afin que ses excréments soient bien recouverts, ce qui permet de réduire les risques d'infection ou de contamination par des parasites.

Bilan de santé

Lorsqu'un chat urine n'importe où dans la maison, il souffre d'un problème comportemental ou il marque son territoire. Si l'urine est déposée sur une surface horizontale dans un endroit tranquille, il s'agit sûrement d'un problème comportemental. Ce chat paraît légèrement voûté, ce qui peut indiquer une souffrance. Il est donc nécessaire de vérifier l'absence de cause médicale à ce comportement.

Résoudre les problèmes

Des excréments déposés n'importe où dans la maison peuvent rapidement conduire à une dégradation des relations entre le chat et son maître. Ce comportement est à la fois perçu comme anormal et intolérable, et peut malheureusement conduire à la décision de se séparer de son chat, voire de l'euthanasier. Cela est d'autant plus triste que ce problème comportemental est souvent simple à corriger, en prenant simplement connaissance des besoins fondamentaux du chat en ce qui concerne la litière.

Je ne veux pas manger là

L'emplacement du bac à litière peut influencer le comportement de votre chat. Il a besoin d'un endroit calme et tranquille, et évitera de faire ses besoins près de l'endroit où il se nourrit. Mettre des gamelles à proximité d'un bac sale est malsain, mais également très perturbant pour une créature aussi propre que le chat. La gamelle et le bac à litière doivent être installés à l'écart l'un de l'autre dans un endroit calme afin que votre chat puisse se nourrir et faire ses besoins en paix.

TEXTURE DE LA LITIÈRE

Les chats ont besoin d'une litière douce et facile à gratter pour faire leurs besoins. Leur instinct les pousse à enterrer leurs excréments afin de réduire le risque de transmission des infections et des parasites, et éviter d'attirer des prédateurs. Une litière composée de granulés durs peut inciter le chat à faire ses besoins en dehors du bac, car elle peut s'avérer difficile à creuser, voire faire mal aux pattes !

Entretien de la litière

Les chats sont des créatures exigeantes ; il est donc essentiel d'évacuer tous les jours les excréments de la litière si l'on veut qu'ils continuent à l'utiliser. Une fois par semaine, le bac devra être vidé, lavé à l'eau bouillante et rempli avec de la litière propre. Sinon, les chats vont chercher un autre endroit pour faire leurs besoins, ce qui peut poser problème.

Pas assez grande

Ce jeune chat rentre tout juste dans son bac, qui sera bientôt trop petit pour lui permettre de s'y tenir confortablement, de tourner, de gratter et de s'accroupir à son aise. De même, ce petit bac contient trop peu de litière, ce qui ne permet pas au chat de creuser un trou suffisamment profond pour enterrer ses excréments de manière satisfaisante.

Plusieurs chats, plusieurs bacs

Les chats aiment faire leurs besoins au calme, et deux bacs à litière positionnés côte à côte reviennent à un seul bac. Si les chats ne s'entendent pas, cela peut être une source de stress, chaque chat devant pouvoir accéder immédiatement à son bac dès qu'il en a besoin. Pour résoudre ce problème, il suffit de placer les bacs à deux endroits différents.

LE MARQUAGE

Les griffages

Les chats sont des créatures sociables, mais leur survie ne dépend que d'eux-mêmes, et ils tiennent à éviter la confrontation et les blessures. Ils s'efforcent d'éviter les rencontres inutiles avec leurs congénères, et utilisent à cette fin un système de communication élaboré. Ce système comprend des comportements de marquage variés, permettant à nos chats de déposer des messages à d'autres chats sans qu'un face-à-face soit nécessaire.

C'est le pied !

Nos chats semblent éprouver un plaisir immense lorsqu'ils font leurs griffes. Cela leur permet de se débarrasser des anciens étuis cornés de leurs griffes, qui sont alors prêtes pour la mise à mort. Lorsqu'il fait ses griffes, le chat dépose également son odeur à l'aide de ses glandes podales, et marque ainsi son territoire.

Toute juste ce dont j'ai besoin

Les chats vivant dans un environnement domestique doivent avoir à leur disposition de quoi faire leurs griffes. Certains ont la chance de pouvoir le faire lorsqu'ils sortent dans le jardin, mais pour les autres, des griffoirs peuvent s'avérer très utile pour satisfaire ce comportement dans la maison. Ce petit chat fait bon usage de son griffoir, et la présence de marques de griffes sur toute la moitié inférieure du griffoir démontre que ce dernier doit être suffisamment haut pour que le griffage soit efficace.

L'escalade

Ce chat semble faire ses griffes sur le rideau, mais il est probable qu'il tente plutôt de l'escalader ! Le rideau n'est pas suffisamment solide pour permettre au chat d'aiguiser ses griffes correctement, mais ses griffes acérées laisseront inévitablement des marques ! Pour résoudre ce problème, il est possible de fournir un arbre à chat à son compagnon. Ce dernier pourra ainsi faire ses griffes sur les poteaux de l'arbre et grimper sur ses plateformes.

Ça va mieux comme ça !

Pour pouvoir faire leurs griffes, les chats ont besoin d'avoir une bonne prise, ce qui nécessite qu'ils étirent complètement leur corps. Ce chat utilise un petit bassin à partir duquel il peut s'étirer contre le tronc de cet arbre, qui lui offre une surface idéale pour aiguiser ses griffes.

Les frottements

Un chat qui frotte sa tête contre des objets ou des gens suscite généralement de l'attendrissement, mais également de l'étonnement. Les humains n'ont qu'une perception limitée du monde olfactif qui les entoure, alors que les chats se servent des odeurs pour communiquer. Ils émettent des signaux à l'aide des glandes réparties sur toute la surface de leur corps. Celles situées sur la tête et les flancs notamment ont un effet réconfortant et permettent aux chats de consolider leurs relations avec leur environnement.

Cet objet m'appartient...

Le marquage par frottement se manifeste à l'intérieur de la maison. Ce chat se familiarise avec l'odeur de cette chaise neuve et la marque de sa propre odeur à l'aide des glandes situées sur sa tête et sur son corps. Cela lui permet d'intégrer la chaise au profil olfactif de la maison et donc de définir son appartenance.

Je te connais !

Les frottements ne se limitent pas aux objets. Alors que la maîtresse de ce chat rentre chez elle, son compagnon l'accueille en se frottant contre ses jambes, ce qui lui permet de mêler son odeur à la sienne. Ce frottement permet d'établir une odeur commune qui identifie la maîtresse en tant que membre du groupe social du chat.

J'habite ici !

En frottant sa tête contre le poteau de cette clôture, ce chat dépose des informations olfactives importantes à l'aide de ses glandes faciales, qui produisent des phéromones. Ces informations signifient que ce poteau fait partie du territoire du chat, ce qui lui permet de se sentir en sécurité. Elles signalent également aux autres chats que ce territoire est occupé.

Le marquage fécal

L'utilisation des fèces comme mode de communication semble très étrange d'un point de vue humain ! Nous apprécions le fait que le chat enterre ses excréments et maintienne ainsi « au propre » l'endroit où il s'est soulagé. Ainsi, les propriétaires de chat sont souvent embarrassés lorsqu'ils retrouvent des déjections à l'air libre. Toutefois, ces déjections sont déposées intentionnellement à la vue de tous afin de faire connaître aux autres chats les frontières du territoire. Des problèmes surviennent lorsque les excréments sont découverts par des humains plutôt que par des chats, ce qui peut conduire à des conflits de voisinage.

Je suis passé par ici

Le marquage fécal est un comportement de marquage utilisant les déjections, qui sont parfois retrouvées dans des endroits très inhabituels comme le toit des remises ou des abris de jardin. Ce chat dépose ses excréments en petite quantité au sommet de ce toit. L'odeur des déjections s'atténue au fil du temps, ce qui indique aux autres chats traversant le territoire à quel moment elles ont été déposées. Ces informations permettent aux chats de se partager le territoire et d'éviter ainsi les confrontations inutiles.

CONFLITS DE VOISINAGE

Les chats n'ont que faire des clôtures qui délimitent les jardins, et la présence de déjections sur les pelouses et les toits des abris de jardin peuvent rapidement conduire à des conflits de voisinage. Rendez votre jardin plus attractif pour votre chat, et offrez-lui un environnement plus rassurant à la maison. Ainsi, il ressentira moins le besoin de marquer son territoire de cette façon.

Entrée interdite

Les chatières peuvent représenter une menace importante pour la sécurité d'un chat timide. Ce chat a déposé une pile d'excréments sur le paillasson (non visible sur la photo). D'un point de vue félin, ces déjections envoient un message clair aux éventuels intrus.

C'est mon territoire

Lorsqu'un chat se sent vulnérable dans son propre jardin ou sur son territoire à l'extérieur de la maison, il peut déposer des excréments afin de diminuer les risques de confrontation. Le dépôt de petites quantités d'excréments au milieu de cette immense pelouse lui permet de rappeler sa présence à ses voisins félins.

Le marquage urinaire

L'un des comportements les plus difficiles à tolérer pour les propriétaires de chats est le marquage urinaire, l'odeur de l'urine étant extrêmement désagréable ! Toutefois, ce type de marquage constitue pour le chat un moyen de communiquer avec ses congénères et de renforcer son sentiment de sécurité. Pourtant, le dépôt d'urine à l'intérieur de la maison a l'effet inverse, car il rend l'environnement plus hostile étant donné que les maîtres mécontents vont prendre des sanctions pour tenter de remédier à ce comportement indésirable.

Interprétation

Lorsqu'ils parcourent leur territoire, les chats sont à l'affût des messages olfactifs déposés par leurs congénères. Ce mode de communication permet d'éviter que l'expéditeur et le destinataire du message se trouvent au même endroit au même moment et réduit l'éventualité d'une confrontation indésirable. Ce chat flaire intensément le message mais ne montre aucun signe de peur ou d'appréhension. Le message en question est purement factuel et ne constitue pas une menace. Ce flairage intense fait partie du flehmen, qui permet au chat de décrypter les informations olfactives contenues dans la marque à l'aide d'un organe spécialisé situé au-dessus du palais osseux, une opération indispensable pour pouvoir interpréter le message véhiculé par la marque d'urine.

Petite vérification

L'aspersion d'urine permet également aux chats de se rassurer. Ce chat flaire la porte du placard avec intérêt. Quelque temps auparavant, il avait aspergé cette porte d'urine et il vérifie que le message est encore perceptible. L'urine vise à apaiser le chat, et son langage corporel montre qu'il est calme.

Vous avez un message

Lorsque l'urine est utilisée en tant que marqueur, le chat adopte cette posture caractéristique et tourne le dos à la surface à asperger, en l'occurrence un buisson. Le chat tient sa queue verticalement et prend un air concentré alors qu'il asperge la végétation. Le marquage est effectué à bonne hauteur pour pouvoir être facilement perçu par les autres chats passant à proximité.

ATTENTION DANGER

Mal à l'aise chez soi

Les chats sont des animaux territoriaux, et la sécurité de leur habitat revêt pour eux une importance capitale. Leur territoire peut être divisé en trois zones. Le terrain de chasse et la zone de promenade, qui sont les zones les plus externes, seront partagés par plusieurs chats. En revanche, le refuge, situé au cœur du territoire, ne sera partagé que par des chats appartenant à un même groupe social. Il est très important que les chats se sentent en sécurité dans cette zone centrale.

Laisse-moi manger tranquillement !

L'alimentation constitue une activité importante au sein du refuge. Les chats prennent leurs repas en solitaire car leur instinct naturel les pousse à manger seuls. Si les repas sont disposés dans des endroits où ils sont susceptibles d'attirer plusieurs chats, comme sur la photo ci-contre, ils risquent de devenir une source de stress et de tension considérables.

C'est mon espace !

Il est impératif que les chats vivant dans un même foyer soient compatibles. Si deux animaux éprouvant de l'hostilité l'un envers l'autre sont forcés de cohabiter, ils seront constamment stressés. Ils se sentiront tendus et mal à l'aise dans leur propre refuge, alors qu'ils devraient s'y sentir en sécurité.

Je te surveille

En cas de tensions au sein du refuge, il est important que les chats puissent se retirer dans une cachette sûre d'où ils pourront observer la situation et évaluer s'ils peuvent ressortir sans risque. Ce chat s'est réfugié dans un trou pratiqué spécialement à cet effet dans la plinthe afin de pouvoir observer en toute sécurité ce qui se passe dans la pièce. Si le chat utilise trop souvent les abris mis à sa disposition, il faudra déterminer pourquoi il ne se sent pas en sécurité et remédier à cette situation.

De bons amis

Les chats peuvent faire des compagnons idéaux pour les jeunes enfants mais il convient de surveiller leurs interactions, qui doivent être bénéfiques pour tous deux. Sur cette photo, le bébé s'approche lentement et le chat ne montre aucune appréhension, mais si les enfants se montrent trop bruyants ou turbulents, ils peuvent effrayer le chat et nuire à son sentiment de sécurité.

Derrière la vitre

Les propriétaires de chats se demandent souvent pourquoi leur animal regarde par la fenêtre pendant des heures, parfois en agitant la queue. L'observation de son territoire est une composante importante du comportement naturel de votre chat. Dans les situations où il perçoit une éventuelle menace contre son territoire, l'accès visuel à l'intérieur et à l'extérieur de la maison peut revêtir une importance cruciale.

Favoriser l'intimité

Les rideaux ne suffisent généralement pas à dissimuler l'extérieur à la vue du chat. Il peut les tirer ou passer de l'autre côté. Il est possible d'appliquer un film à effet dépoli sur la vitre le temps de procéder aux aménagements qui renforceront le sentiment de sécurité du chat à l'intérieur de la maison, voire effectuer quelques travaux de jardinage pour que les chats de passage ne puissent plus regarder à l'intérieur de la maison.

Arrête de me regarder !

Les piquets de clôture, les toits des remises et même les voitures garées dans les allées peuvent constituer de parfaits perchoirs pour les autres chats et leur permettre de regarder à l'intérieur des maisons et menacer visuellement les chats qui y vivent. Si votre chat présente des troubles du comportement en raison de cette intimidation visuelle, un positionnement stratégique des plantes en pot et du mobilier de jardin peut permettre de boucher la vue et de sécuriser le cœur du territoire.

Je veux sortir !

Même si le cœur du territoire est sécurisé d'un point de vue physique, le chat peut se sentir vulnérable si l'intérieur de la maison demeure très visible de l'extérieur. Si le chat peut apercevoir des congénères traversant son territoire mais ne peut les rejoindre ni communiquer efficacement avec eux, il se sentira d'autant plus frustré.

Mystérieuses chatières

La plupart des propriétaires s'imaginent que leur chat a absolument besoin d'accéder librement au monde extérieur et ne comprennent pas pourquoi leur compagnon rechigne à utiliser la chatière qu'ils ont achetée et installée. Il faut se montrer patient pour apprendre à certains chats à utiliser ce dispositif, et comprendre qu'une brèche dans les défenses de la maison n'est pas toujours perçue positivement par nos félins.

Est-ce sûr ?

La plupart des chatières modernes sont transparentes, ce qui peut augmenter la vulnérabilité visuelle et poser des problèmes. Ce chat regarde à travers la chatière et semble hésiter à sortir, peut-être à cause de la présence d'un congénère de l'autre côté de la trappe. Il se peut également que des chats du voisinage se soient déjà postés derrière la chatière et que le chat hésite donc à utiliser ce point d'accès.

Me revoici !

La plupart des propriétaires de chat considèrent la chatière comme une invention formidable, ce qui est très certainement le cas lorsque les chats savent l'utiliser. Elle leur permet de sortir comme bon leur semble et leur offre une certaine liberté. Ce jeune chat a déjà appris à utiliser sa chatière, et rentre chez lui en toute confiance.

Savoir manier la carotte...

Certains chatons ont du mal à se servir de la chatière et peuvent même en avoir peur les premières fois. Il peut être judicieux de se placer de l'autre côté de la chatière avec un bol de nourriture alléchante afin d'encourager le chaton à pousser la trappe pour accéder à la nourriture.

Attention à l'emplacement

Les chatières constituent un point d'accès visuel et physique au refuge de votre chat et peuvent donc nuire à son sentiment de sécurité. Il est important d'en tenir compte lorsque vous positionnez le bac à litière ou les écuelles. Ce bac à litière a été placé trop près de la chatière transparente. Bien que ce chaton semble à l'aise, il est peu probable qu'un chat adulte, qui a une perception plus aiguë des menaces éventuelles, se sente suffisamment en sécurité pour faire ses besoins à cet endroit.

Les problèmes liés à la vie en communauté

Les chats sont des créatures sociales, et ils peuvent vivre parfaitement heureux en groupes d'individus compatibles, souvent apparentés. Toutefois, ils ne vivent pas en meute comme les chiens, et leur survie ne dépend que d'eux-mêmes. Par conséquent, les relations entre les chats peuvent être fragiles, et les stratégies comportementales dont ils disposent pour gérer les conflits sont très limitées. La cohabitation avec d'autres chats, qu'ils soient issus du même foyer ou du voisinage, peut parfois poser des problèmes.

Combats de chats

Les affrontements directs au sein des foyers comptant plusieurs chats ne sont pas fréquents, mais lorsqu'ils se produisent, ils peuvent très mal tourner. À ce stade, il peut être difficile de remédier au problème et ces chats risquent de parvenir rapidement à un point où ils ne pourront plus se croiser sans se battre. Une inaptitude à adopter les comportements félins naturels, comme le fait de se cacher ou de se percher en hauteur pour maintenir de la distance avec l'adversaire, se manifestera par des bagarres plus fréquentes.

Nous sommes amis

Lorsque les chats ont un lien de parenté ou sont élevés ensemble dès le plus jeune âge, ils peuvent nouer des liens d'amitié étroits et apprécier la compagnie l'un de l'autre. Ces deux chats vivent dans le même foyer et parviennent facilement à se détendre lorsqu'ils sont ensemble.

Tensions

Même si aucune bagarre n'est à déplorer au sein d'un foyer comptant plusieurs chats, des tensions considérables peuvent exister entre des chats incompatibles forcés de vivre sous le même toit. Ces chats utilisent à la fois leur posture corporelle, la communication visuelle et des mouvements lents pour faire connaître leur volonté d'éviter une confrontation directe. Toutefois, le stress chronique résultant de la tension régnant entre eux peut avoir de graves conséquences comportementales et médicales pour chacun des animaux.

Les relations au quotidien

Tous les propriétaires souhaitent que leurs chats s'entendent bien, et lorsque ces derniers ne font pas preuve d'agressivité les uns envers les autres, ils sont tentés de croire que tout va pour le mieux. Toutefois, il peut être difficile d'évaluer la nature de leurs relations, car ils ont tendance à éviter la confrontation. Il est donc important d'observer les signes subtils de tension entre les colocataires et d'éviter de les mettre dans des situations dans lesquelles ils sont obligés de tolérer des échanges qu'ils ne souhaitent pas.

Manger en paix ?

Dans les foyers comptant plusieurs chats, il est fréquent de les nourrir ensemble, mais cette pratique est très stressante pour les animaux. Le chat de droite s'arrête de manger pour observer son voisin. Le chat de gauche poursuit son repas mais la posture de son corps est tendue, son regard méfiant et ses oreilles alertes, ce qui montre qu'il est anxieux.

Tu m'ennuies !

Un adulte tolèrera plus facilement l'arrivée d'un chaton que d'un autre chat adulte, mais parfois, les jeux du chaton ne lui conviennent pas. Alors que ce chaton joue avec la queue de son aîné, ce dernier montre des signes de tension. Les oreilles orientées vers l'arrière, les moustaches vers l'avant et le regard fixe sont des signes de stress.

Trop de chats...

La nourriture est une ressource vitale, et si elle n'est disponible qu'à un seul endroit à un moment fixe de la journée, tous les chats du foyer vont se précipiter en même temps pour se nourrir. Toutefois, l'alimentation est une affaire solitaire dans le monde félin, et bien que ces chats s'efforcent de surmonter les tensions sociales afin de pouvoir se retrouver tous ensemble dans la cuisine au moment du repas, leur langage corporel, leurs déplacements et leurs miaulements indiquent qu'ils trouvent ce moment stressant et difficile à gérer.

En sécurité

Lorsqu'il existe des tensions sociales dans un foyer comptant plusieurs chats, chaque individu doit avoir la possibilité d'échapper au stress. Ce chat s'est réfugié au sommet d'un meuble du salon, d'où il peut observer les activités des autres chats. Il est important de laisser ce chat descendre quand il en ressent le besoin. Son maître ne doit en aucun cas le forcer à quitter son refuge s'il ne se sent pas prêt.

Le voisinage

Il peut être fascinant d'observer votre chat communiquer avec un rival, mais il est souvent difficile de saisir le sens de leurs interactions. Les chats utilisent une combinaison subtile de langage corporel, de signaux vocaux et olfactifs pour faire passer leurs messages, et l'apprentissage de ces signaux aide les humains à mieux comprendre la tension qui peut parfois régner dans un environnement comptant plusieurs chats.

Je ne t'avais pas vu

Lorsque des chats se rencontrent par hasard, ils sont plus susceptibles de faire preuve d'agressivité. Ce siamois crache pour tenter d'éviter le contact, mais la position de ses oreilles et la posture recroquevillée de son arrière-train indiquent qu'il n'a pas confiance. Ce persan, surpris par ce comportement, se prépare à une éventuelle confrontation. Toutefois, la répartition du poids du corps de chacun suggère qu'ils vont préférer se retirer lentement.

LES OREILLES

Les bagarres entre chats entraînent inévitablement des blessures étant donné qu'ils sortent leurs griffes et qu'ils n'hésitent pas à mordre. L'ouïe est essentielle pour localiser les proies, il est donc important que les chats protègent leurs oreilles lors de ces confrontations. Lorsque le chat est en confiance, ses oreilles peuvent être dressées ou couchées sur le côté, mais lorsqu'il est effrayé, elles sont complètement aplaties contre sa tête.

Juste de passage

Ces deux chats se trouvent dans une partie commune de leur territoire. Afin d'éviter une confrontation, le chat roux utilise à la fois sa posture corporelle, des mouvements lents et éventuellement des signaux vocaux pour indiquer au chat tigré qu'il est juste de passage et qu'il n'a pas l'intention de s'arrêter.

À l'assaut !

Lorsque la communication passive échoue, deux chats voisins peuvent en arriver à se battre. Ces deux chats sont très excités et le combat peut rapidement dégénérer. Ils vont généralement commencer par s'envoyer des coups de pattes, car cela leur permet de maintenir une certaine distance. Mais une fois qu'ils passent au combat physique, comme sur la photo ci-dessus, il est peu probable qu'ils s'en sortent sans blessure.

Patience et observation

Les propriétaires de chats sont souvent surpris par les brusques explosions d'activité de leurs compagnons.
À un moment donné, votre animal semble observer le monde tranquillement, et l'instant d'après il se jette sur vos lacets !
Les chats sont programmés pour remarquer les changements dans leur environnement, et les sons et les mouvements attirent plus particulièrement leur attention. Ils vont observer patiemment la moindre activité, puis attendre le bon moment pour bondir.

Ne venez pas à mon secours !

Il est parfaitement normal pour les chats d'utiliser des postes d'observation situés très en hauteur pour surveiller leur territoire, et de grimper sur les arbres ou sur les placards de la cuisine. Toutefois, la vue d'un chat perché très haut dans un arbre, comme sur la photo ci-contre, suscite souvent de l'inquiétude chez des personnes bien intentionnées qui vont alors tenter d'utiliser une échelle, voire appeler les pompiers pour faire descendre le chat. Cette intervention de secours est tout à fait inutile mais risque également d'être mal interprétée par le pauvre chat qui va se sentir menacé.

Tu ne peux pas m'échapper

Il est très important de canaliser les comportements naturels du chat, comme la prédation, en leur proposant des dérivatifs satisfaisants et en fournissant des jouets adaptés aux chatons dès lui plus jeune âge. Ce chaton fait preuve de concentration et de détermination dans sa tentative pour capturer et « achever » cette souris en peluche, ce qui contribuera à réduire les comportements de prédation indésirables envers les êtres humains.

Ils sont vivants !

Dès le plus jeune âge, tout mouvement rapide et inopiné peut induire un comportement de prédation instinctif, ce qui peut donner lieu à des situations très amusantes. Ces chatons réagissent aux lacets qui bougent de manière imprévisible lorsque la personne marche. Ils les agrippent avec leurs pattes et leurs griffes et guettent attentivement leur prochain mouvement.

L'agressivité envers les humains

Nous sommes souvent déconcertés lorsque les chats se montrent agressifs envers nous, et nous les accusons d'être « méchants ». En vérité, les chats sont programmés pour éviter le conflit et lorsqu'ils se montrent agressifs, c'est le signe que quelque chose ne va pas. En comprenant mieux leur vision du monde, nous parviendrons à saisir la signification de ces réactions et à reconnaître que ces comportements agressifs sont généralement déclenchés involontairement par les comportements humains.

Pas un pas de plus !

Ce chat est effrayé par la personne qui s'approche de lui. Ses oreilles ont une position défensive et il crache, ce qui indique clairement qu'il se sent menacé. La patte avant est tendue et est prête à frapper toutes griffes dehors. Toutefois, à ce stade, il donne un avertissement convaincant qui va certainement inciter la personne à reculer avant que la situation ne dégénère.

Ouille !

Nos manipulations peuvent parfois être mal interprétées par les chats, et lorsque nous les caressons trop rapidement ou trop vigoureusement, leur instinct va les pousser à agripper notre bras et notre main avec leurs quatre pattes afin de les immobiliser. Cette réaction peut être suivie d'une morsure du poignet, comme sur la photographie ci-contre. Cette personne réagit de manière appropriée en laissant sa main et son bras lâches. Lorsque le chat réalise que la « menace » a disparu, l'agression cesse.

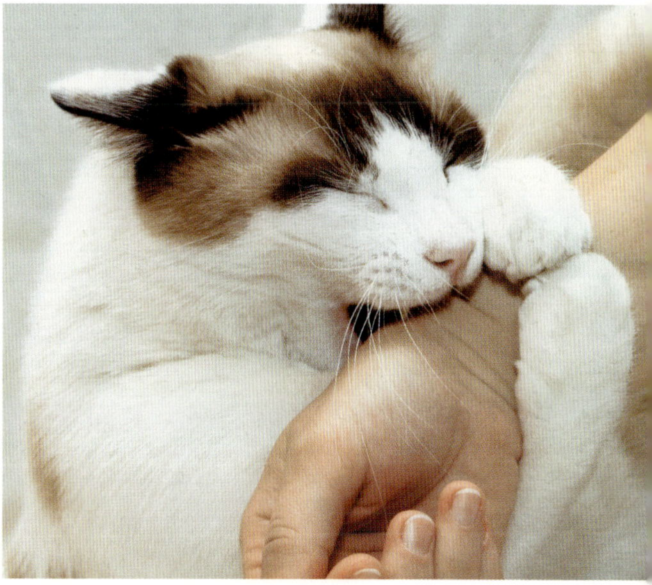

Je suis courageux

Les chats sont armés de griffes acérées qu'ils dégainent dès qu'ils perçoivent une menace. Comme le chat s'efforce de maintenir une distance de sécurité, ce comportement peut donner l'impression que l'animal est confiant, bien qu'il soit animé par la peur. L'observation des autres signaux corporels, comme les vocalises ou la position des oreilles, nous aide à identifier les émotions négatives sous-jacentes, comme sur la photographie ci-dessus.

LE REPOS ET LES JEUX

Les chats dorment n'importe où

Les chats connaissent naturellement de courtes phases d'activité intenses suivies de longues périodes de sommeil. Le repos et le jeu, si importants pour un chat, doivent être favorisés. Il convient de s'assurer que les lieux de repos sont facilement accessibles et disponibles, et que les périodes consacrées au jeu sont suffisamment fréquentes et épanouissantes.

Toujours en alerte

Il est essentiel que le lieu de repos soit chaud et confortable. Ce chat a jeté son dévolu sur le tissu doux d'un plaid posé sur le dossier du canapé. Il est pelotonné dans son nid douillet mais n'est pas encore suffisamment détendu pour cesser de surveiller son environnement avec ses oreilles.

Quel confort !

Le chat déniche les endroits les plus insolites pour s'y blottir et y faire une petite sieste. Il se repose souvent à différents endroits de la maison. Même lorsque son maître s'est donné la peine de lui acheter des paniers hors de prix, il va souvent leur préférer le panier à linge !

J'adore les livres

Pour pouvoir se relaxer complètement, les chats cherchent souvent des lieux de repos situés en hauteur, qui leur offrent intimité et solitude. Ce chat est pratiquement caché sur l'étagère parmi les livres anciens, et sa patte avant, suspendue négligemment dans le vide, indique clairement qu'il se sent totalement protégé et en sécurité.

L'heure de la récréation !

Il peut être frustrant de constater que votre chat se montre plus intéressé par un élastique ou un morceau de papier froissé que par le joli jouet que vous lui avez acheté à l'animalerie. Nous ne devons pas oublier que les chats voient le monde différemment et que ce qui nous paraît attrayant ne va pas susciter le même intérêt chez eux. En comprenant les caractéristiques qui rendent un jouet particulièrement séduisant aux yeux d'un chat, vous tirerez le meilleur parti des séances de jeu !

Des heures de divertissement

Bien que l'on s'imagine plus volontiers un chaton en train de jouer, il faut savoir que le jeu constitue un aspect important de l'activité quotidienne d'un chat adulte. Il est donc essentiel de lui fournir un stock suffisant de jouets adaptés tout au long de son développement et pendant sa vie adulte. Pas besoin d'investir dans des jouets coûteux. Ce bouchon suspendu à un fil présente plusieurs des caractéristiques appréciées des chats, notamment des mouvements imprévisibles et une texture intéressante à agripper avec leurs griffes. On peut le rendre encore plus attrayant en le peignant dans une couleur fluorescente.

Ça bouge !

Un jouet aux couleurs fluorescentes prend un aspect différent en fonction de l'angle sous lequel il se présente. Cette balle de ping-pong aux couleurs vives est attractive visuellement et émet également un son creux lorsqu'elle rebondit, ce qui fascine ce chaton siamois. En donnant de petits coups de patte à la balle, le chaton la fait rouler, ce qui attise son intérêt.

Voilà quelque chose d'intéressant…

Le système sensoriel du chat est conçu pour détecter les moindres petits changements. Les jouets aux mouvements imprévisibles et émettant des sons aigus auront du succès. Cette balle, munie d'une clochette à l'intérieur, produit un son qui suscite l'intérêt de ce chaton. Si le chaton est assez courageux pour donner un coup de patte à la balle, les trous situés à la surface vont se déplacer, ce qui rendra le jouet encore plus intéressant.

Je plane

Les jouets de petite taille et suffisamment légers pour que votre chat puisse les soulever peuvent ajouter une dimension « prédatrice » à son expérience de jeu. Ce chaton tient un petit pot d'herbe à chat en poudre entre ses pattes avant. Il le mordille, et l'herbe à chat le fait baver. Tous les chats ne réagiront pas de cette façon. En effet, seuls 50 % d'entre eux portent les gènes qui les rendent sensibles aux propriétés de l'herbe à chat, qui s'apparentent à celles de la drogue.

Lui accorder de l'attention

Il est très amusant de jouer avec votre chat, mais au fur et à mesure qu'il vieillit, il peut sembler moins intéressé. Alors que vous vous installez pour jouer et passer un moment agréable avec lui, voilà qu'il se lève et s'en va ! Ces courtes phases d'activité sont tout à fait naturelles chez le chat, et il est important que vous preniez le temps de jouer avec lui, même un court instant !

Maintenir mon intérêt en éveil

Si un jouet s'avère suffisamment varié pour maintenir l'intérêt du chat en éveil, ce dernier pourra jouer seul avec assez de satisfaction. Ce chaton est heureux de s'amuser avec un jouet qui associe des textures différentes aux mouvements imprévisibles des plumes colorées, et au bruit des grains de riz placés à l'intérieur du corps de la souris !

Faites-moi descendre !

L'activité des chats se caractérise par des explosions soudaines d'activité, que nous percevons parfois à tort comme des accès de folie. Au cours de ces brefs épisodes, les jeunes chats se retrouvent souvent dans des situations difficiles, quoique cocasses. Ce chaton a escaladé ces fins rideaux mais ses griffes se sont retrouvées coincées dans les fils. Le pauvre risque donc de rester suspendu au rideau un peu plus longtemps que prévu !

J'en ai assez

Les jeux des chats sont très brefs, et une séance d'une à deux minutes peut déjà être considérée comme un succès. Si cette petite fille ne parvient plus à intéresser son chat avec ce jouet en forme de baguette magique, c'est qu'il est temps de mettre fin à la séance de jeu, quitte à réessayer plus tard. Il est beaucoup plus bénéfique pour le chat de jouer peu et souvent avec lui que de s'acharner alors qu'il ne semble plus intéressé.

Un jeu sans fin !

Les jeunes chatons sont très espiègles, et bien que leurs séances de jeu soient assez courtes, elles suffisent à causer pas mal de dégâts ! Ce rouleau de papier hygiénique intrigue particulièrement ce chaton, car il se déroule un peu plus à chaque fois qu'il l'agrippe.

La curiosité

Les chats sont connus pour leur nature curieuse. Ils passent une grande partie de la journée à explorer leur environnement, mais cela peut parfois les pousser à se comporter de façon à la fois amusante et étrange. Tout ce qui semble différent, se déplace rapidement ou fait un bruit intrigant sera l'objet de leur attention. Leur curiosité les pousse notamment à mettre la tête dans tous les trous et ouvertures pour voir ce qui se cache à l'intérieur !

Oups, je suis coincé

Lors d'une de ses nombreuses explorations, ce chaton est tombé sur ce rideau à la texture intéressante. Son intérêt pour le tissu l'a poussé à l'examiner avec ses pattes mais sa tentative d'escalade a tourné court, ses griffes s'étant coincées dans le rideau.

Un petit tour ?

Le vieil adage « La curiosité est un vilain défaut » semble parfois trop vrai... Ce jeune chat a sauté dans le tambour du séchoir, ce qui nous donne une photo assez adorable ! Toutefois, ce type de comportement peut avoir des conséquences tragiques, et nombreux sont les chats à avoir grimpé à l'intérieur d'appareils électroménagers sans que leurs propriétaires s'en aperçoivent. Veillez à regarder à l'intérieur de vos machines avant de les utiliser, et fermez les lorsque vous vous absentez.

Qu'est-ce qu'il y a là-dedans ?

Lorsque ce chat voit un sac en papier sur le sol, il ne résiste pas à la tentation de regarder ce qui se passe à l'intérieur. Si le chat n'est pas nerveux ou effrayé par le bruit du sac, le son et le mouvement vont entretenir son intérêt et l'encourager à poursuivre son exploration.

Home sweet home

Les chats attachent une grande importance à leur territoire. Tandis que le terrain de chasse et la zone de promenade peuvent être partagés avec d'autres chats, le refuge, qui constitue le cœur de leur territoire, doit pouvoir leur offrir des moments de solitude et d'intimité. Les chats toléreront naturellement la présence des membres de leur groupe social au sein de cette zone essentielle. Les trois principales activités pratiquées au sein du refuge sont les suivantes : manger, dormir et jouer.

Un repas tranquille à la maison

Le repas est une activité importante au sein du refuge. L'endroit où le chat se nourrit est en quelque sorte son « port d'attache ». Il est important que votre chat puisse manger seul et se détendre complètement, il est donc préférable de placer son écuelle dans une zone tranquille où il ne sera pas dérangé.

Bains de soleil

En sécurité au cœur de son territoire, ce chat peut se relaxer complètement au soleil, sachant qu'il ne risque rien. La position de son corps et le fait qu'aucune de ses quatre pattes ne soit en contact avec le rebord de la fenêtre permettent d'affirmer qu'il est parfaitement détendu. Dans cette position, il est impossible pour lui de prendre la fuite rapidement, ce qui traduit un niveau de confiance et de relaxation très élevé.

Les jeux à la maison

Outre l'alimentation et le sommeil, il est important que votre chat puisse également jouer en toute sécurité au sein de son refuge. Pour vous assurer qu'il joue régulièrement, fournissez-lui des jouets stimulants, qui maintiendront son intérêt en éveil. Ce griffoir permet au chat de faire ses griffes et comporte également un certain nombre d'accessoires conçus pour l'inciter à jouer, tels que la petite balle suspendue de couleur vive et les têtes de souris.

Le partage du territoire

Si vous vivez dans une zone urbaine, votre chat va certainement devoir partager sa zone de promenade avec plusieurs autres chats du voisinage. La surveillance, le marquage et la défense de son territoire seront donc des activités importantes qui occuperont la majeure partie de son temps. Parfois, lorsque votre chat sera de surveillance, vous aurez l'impression qu'il se contente de laisser filer les heures ; en fait, il remplit une mission très importante !

Mon royaume

Chaque chat partage sa zone de promenade avec les chats du voisinage. Votre chat appréciera donc de trouver des coins situés en hauteur dans le jardin afin de pouvoir observer son territoire tout en évitant les confrontations directes. Ces postes d'observation ne doivent pouvoir accueillir qu'un seul chat à la fois, comme sur la photo ci-contre. Toutefois, vous devrez également penser au bien-être des éventuels oiseaux occupant le nichoir si jamais votre chat décide d'en faire son poste d'observation favori !

Petits espions

Lorsque les chatons sont encore jeunes, ils se sentent plus en sécurité à plusieurs. Sur la photo ci-contre, ces deux chatons utilisent un poste d'observation en hauteur pour surveiller ce qui se passe sur leur territoire. Leur langage corporel – oreilles, yeux et moustaches alertes – montre qu'il y a plein de choses à observer !

TROUVER UN PETIT COIN

Dans un environnement comptant plusieurs chats, il peut devenir difficile pour chacun de dénicher un endroit isolé où faire ses besoins. Même lorsqu'il trouve un emplacement convenable, le chat peut avoir du mal à y accéder en évitant les rencontres indésirables, en raison de la surpopulation féline des zones urbaines. Cela l'incite à faire ses besoins dans la maison. Dans ce cas, il peut être bénéfique de prévoir des lieux d'aisances à proximité de la maison.

Hors de mon chemin !

Lorsque les chats doivent traverser une zone de leur territoire commune à plusieurs animaux, ils risquent de se retrouver face à face avec d'autres félins. Ces deux chats vivent sous le même toit mais ne sont pas compatibles socialement. Lorsqu'ils se retrouvent tous les deux dans le jardin, l'hostilité est certes manifeste, mais ils tentent toujours d'éviter une confrontation physique. Sur cette photo, vous pouvez constater qu'ils ont recours à une communication vocale efficace et qu'ils répartissent le poids de leur corps d'une certaine façon, ce qui leur permet de prendre rapidement la fuite si nécessaire.

L'instinct du chasseur

Une trop forte propension à la chasse peut nuire aux relations entre le maître et son chat. Même si ce comportement est naturel, la vue de petits cadavres sur le carrelage de la cuisine peut être difficile à supporter. Si votre chat est un chasseur particulièrement doué, vous pouvez être amené à l'empêcher d'accéder à ses proies potentielles, notamment durant la saison de reproduction des oiseaux et des petits mammifères, quand ceux-ci sont très vulnérables.

Envole-toi vite !

De nombreuses personnes s'indignent que les chats tuent des oiseaux. Toutefois, la chasse est un comportement naturel et il est important de ne pas punir le chat. Il sera bien plus utile de déployer votre énergie à restreindre l'accès de votre chat aux oiseaux, notamment lorsqu'ils couvent et qu'ils nourrissent leurs petits. Toutefois, certains individus, comme ce chaton, peuvent faire preuve d'ingéniosité et trouver des moyens d'atteindre leur proie potentielle.

TERRITOIRE PARTAGÉ

Le terrain de chasse est partagé par un certain nombre de chats. Afin d'éviter les rencontres et les confrontations, ils utilisent un système de temps partagé.
Les marques territoriales ont un caractère purement informatif, et non menaçant. Lorsque les chats décodent les signaux déposés par leurs congénères, ils ne montrent aucun signe de crainte mais se contentent de modifier leur itinéraire afin d'éviter les rencontres inutiles.

Tendre et goûteux

La chasse est un comportement qui entraîne des réactions très variables de la part des maîtres. D'un côté, la vue de ce chat dévorant ce jeune rongeur peut sembler répugnante à certains, mais le fait que le chat contribue à contrôler la population de rongeurs dans le voisinage sera probablement considéré comme un aspect positif.

À la pêche

Ce chat semble fasciné par le contenu de cette mare. Une question se pose alors : qu'est-ce qui se cache à l'intérieur ? En effet, s'il s'agit de poissons ornementaux et qu'il lui prend l'envie de les pêcher, le problème risque de prendre une tournure autrement plus préoccupante, car la facture risque de s'alourdir rapidement si le maître est obligé de remplacer régulièrement le contenu de sa mare.

VIEILLESSE ET AUTRES EXCENTRICITÉS

Des comportements étranges

Si la plupart des comportements félins trouvent leur explication dans les instincts naturels et les réactions émotionnelles des chats, certains semblent défier l'entendement et peuvent être qualifiés d'étranges ou d'excentriques. Le grand âge peut également influencer le comportement, et certaines mesures particulières peuvent s'avérer nécessaires lorsque l'on vit avec un compagnon âgé.

Proies imaginaires

Voir son chat passer son temps à chasser des proies invisibles peut être très amusant, mais cette chasse à la souris ou à la mouche imaginaire peut être la conséquence d'une maladie. Il est important de ne pas interrompre le chat, et surtout de ne pas le punir, sous peine de voir survenir des problèmes de frustration. Le mieux est alors d'en parler à un vétérinaire et de lui demander des examens plus approfondis.

Je n'arrive pas à t'attraper

Ce chat est fasciné par le rayon lumineux sur le mur et tente vainement de le capturer. Ce type de comportement peut être très amusant à observer, et il est tentant d'utiliser la lumière reflétée par sa montre ou le rayon d'un stylo laser pour inciter son compagnon à jouer. Le seul problème de ce type de jeu est qu'il attise l'intérêt du chat pour l'objet imaginaire et peut induire des troubles du comportement, comme une observation compulsive de la lumière, ou de la frustration, le chat ne parvenant jamais à capturer le rayon lumineux.

Est-ce que ça se mange ?

L'ingestion de laine est probablement l'un des comportements félins les plus étranges. Ce trouble porte plus exactement le nom de « pica » ou d'allotriophagie. Il s'agit d'une propension à ingérer des substances non comestibles. Ce comportement est plus fréquemment observé chez les races orientales, et ces deux chatons siamois montrent un intérêt anormal envers ce pull. Au début, le pica peut se manifester par une réaction de succion plutôt que de mastication et d'ingestion, et le développement de ce comportement peut être complexe.

Simplement difficile

La manière dont les chats boivent et s'alimentent peut être déconcertante. Ils peuvent tordre le nez sur ce que nous leur proposons, et nous en déduisons alors qu'ils sont difficiles. Toutefois, ces réactions peuvent être le signe d'une tension émotionnelle. Il est donc important d'observer attentivement votre chat afin de déterminer les raisons de ce comportement. On peut tenter de comprendre la signification de ces petites manies en se mettant dans la peau du chat.

Goutte à goutte

De nombreux chats sont attirés par les sources d'eau courante et délaisseront leur bol d'eau au profit d'un robinet qui goutte. Il est possible de fournir de l'eau courante à ses chats à l'aide d'une fontaine à eau disponible dans le commerce. Les propriétaires de chats veulent surtout s'assurer que leurs animaux boivent suffisamment ; si un robinet qui goutte les encourage à boire, le jeu en vaut certainement la chandelle.

Le refus de s'alimenter

Lorsqu'un chat refuse de consommer la nourriture qui lui est proposée, il est important d'exclure toute cause médicale, mais également d'envisager d'éventuelles causes émotionnelles. Le stress chronique régnant dans un foyer où vivent plusieurs chats peut le pousser à refuser de s'alimenter. De même, tout ce qui se trouve à proximité de l'écuelle et est susceptible de provoquer un sentiment de vulnérabilité peut grandement contribuer à ce comportement.

Une herbe savoureuse

Si les chats n'ont pas souvent la possibilité de sortir, il peut être utile de leur proposer de la verdure sous forme d'herbes. Pour les animaux sensibles à l'herbe à chat, il peut être utile de cultiver cette plante et de faire profiter le chat de ses propriétés, semblables à celles de la drogue, lorsque le besoin s'en fait sentir !

Le grand âge

La relation avec un chat âgé est très particulière, mais certaines de ses attitudes peuvent paraître un peu excentriques. Le processus de vieillissement peut entraîner des problèmes de confusion et de désorientation, d'où des comportements étranges. L'apparition de maladies liées à l'âge, comme l'arthrite, peut également affecter les activités du chat. Chez les chats, la douleur est principalement associée à une baisse du niveau d'activité et un changement de tempérament, il est donc important de guetter ces changements à mesure que votre compagnon vieillit.

Je suis aveugle

Lorsque les chats prennent de l'âge, leurs maîtres peuvent remarquer un changement considérable de leur comportement. La première mesure à prendre dans cette situation est d'emmener le chat chez un vétérinaire pour vérifier si l'un de ses sens n'est pas atteint, la cécité et la surdité étant fréquentes chez les chats âgés. Si le chat est aveugle, comme celui ci-contre, il peut être nécessaire d'éviter les changements soudains dans l'aménagement de la maison, mais généralement, les chats s'adaptent remarquablement bien à leur nouvel état.

J'ai mal quand je marche

Ce vieux chat et son maître entretiennent une relation spéciale et le chat ne montre aucune appréhension particulière à être soulevé et câliné de cette façon. Dans des circonstances normales, les chats n'aiment pas être pris dans les bras et préfèrent se déplacer par leurs propres moyens. Ainsi, lorsqu'un chat âgé semble apprécier le fait d'être porté, contrairement à son habitude, il est bon de s'assurer qu'il ne souffre pas de douleurs dues à l'arthrite, qu'il soulagerait en se laissant porter.

Je suis désorienté

Les miaulements désordonnés de ce chat sont associés à des va-et-vient répétitifs et sans but précis. La désorientation est l'un principaux signes de démence (ou dysfonctionnement cognitif) chez le chat. Des miaulements persistants mais non spécifiques constituent également un symptôme de cette maladie, qui peut s'avérer problématique, notamment lorsque ce dernier les réveille la nuit. Il est important d'emmener le chat chez un vétérinaire, il existe désormais des traitements pour soigner cette maladie.

INDEX

CRÉDIT PHOTOGRAPHIQUE

h haut, **b** bas, **c** centre, **g** gauche, **d** droite

Alamy Andrew Linscott 70; Antje Schulte 93 b; blickwinkel 19 b; Bruce Coleman Inc 32; David Askham 13 h; David Rowland 84; dk 81 b; Frisk 88; Geoff du Feu 87 h; Gerry Pearce 74, 75 h; Helene Rogers 11 h, 46; imagebroker 10; Isobel Flynn 63 b; Juniors Bildarchiv 12, 20 h, 47 b, 56, 61 h, 67 hd, 73 b, 78; Jupiterimages/Brand X 83 h; Kerrie Snowdon 61 b; L Kennedy 77 b; Peter Cavanagh 60; Petra Wegner 16; Rob Walls 53 b; Robert Estall Photo Agency 69 b; Rodger Tamblyn 57 b; Sigitas Baltramaitis 73 h; Steppenwolf 92; superclic 15 a; Wildlife GmbH 55 b. **Ardea** Ardea London 25 b, 43 h, 45 b, 69 a; Brian Bevan 87 b; Francois Gohier 44; Jean Michel Labat 9 b, 23 c, 30, 31 b, 41 b, 43 b, 72, 83 b; John Daniels 9 h, 17 h, 18 b, 19 h, 29 h, 47 h, 49 c, 53 h, 77 a, 80, 82; Rolf Kopfle 15 b, 50, 85 a. **Art Directors and Trip** Helene Rogers 67 al. **Corbis UK Ltd** DK Limited 33 h, 35 b, 41 h, 42, 71 b, 89 b; Simon Marcus 79 c; Son Desert 31 h; Tracy Kahn 79 b. **DK Images** Jane Burton 65 b. **FLPA** imagebroker 8. **Fotolia** Simone van den Berg 40. **Getty Images** Bread and Butter 93 h; Chris Rose 55 a; Dea D Robotti 28; Felipe Rodriguez Fernandez 7; Glow Images 39 b; Jane Burton 21 b, 52; Jean Paul Nacivet 38 b; Jesse Burke 54; Sami Sarkis 77 c; Toby Maudsley 89 a; Todd Gipstein 14. **istockphoto.com** Joanne Harris and Daniel Bubnich 26; Martin Carlsson 49 h; Sara Robinson 17 b. **Masterfile** Nora Good 75 b. **Nature PL** Jane Burton 63 al. **Octopus Publishing Group Ltd** Steve Gorton 63 hd; John Daniels 51 bl. **Photolibrary Group** Beanstock Images 65 h; Carrie Villines 39 h; Index Stock Imagery 4, 22; Juniors Bildarchiv 2–3, 11 b, 18 h, 21 h, 23 b, 25 h, 34, 37 h, 45 h, 51 h, 64 , 66, 68, 76, 79 a, 81 a, 91 a; Konrad Wothe 71 h; Layer Layer 38 a; Martin Rugner 27 h; Motor Presse Syndication 90; Oxford Scientific 24; Paolo Curto 59 b; Radius Images 91 b; Santa Clara Photononstop 58; Stephanie Deissner 23 h, 35 h; Todd Bannor 59 c; Werner Pokutta 20 b; Yoshio Tomii 86. **Photoshot** Lacz Gerard 59 h; NHPA 85 b; Servanne Sohier 33 b; Vicente Roca Gisbert 48, 62 b; Westend61 5, 13 b, 27 b. **RSPCA Photolibrary** 51 d, 29 b. **Warren Photographic** 1, 6, 29 c, 36, 37 bg & bd, 49 b, 57 h, 66–7.

Couverture : iStockphoto/Kim Everuss;
4e de couverture : iStockphoto/Susana Machado